도토리 쫑이의
봄 여름 가을 겨울

글 장영복

〈아동문학평론〉 신인상(동시)으로 글을 쓰기 시작하였고, 부산일보 신춘문예에 동시가 당선되었습니다. 그동안 쓴 책으로 장편 동화《대장장이를 꿈꾸다》, 그림책《여름휴가》《호랑나비와 달님》, 동시집《울 애기 예쁘지》《고양이 걸 씨》가 있습니다. 원미 숲을 관찰하면서《교과서 속 숲 이야기》와《교과서 속 곤충 이야기》를 썼습니다.

그림 주리

서울예술대학교에서 시각디자인을 공부하였습니다. 마음에 울림이 있는 그림을 그리고 싶다고 합니다. 그동안 그린 책으로는《흰 눈》《달팽이 학교》《한계령을 위한 연가》《할머니 집에 가는 길》《용감한 리나》《흑설공주》등이 있고,《여섯 번째 사요코》《방과 후》《모던보이》《해바라기가 피지 않는 여름》《지독한 장난》등 다수의 소설에 표지 그림을 그렸습니다.
www.by-julee.com

| 이 책에 대한 설명 |

'숲'은 커다란 생명체와 같아요. 헤아릴 수 없을 만큼 많은 생명체를 품고 살아가지요. 숲의 모양을 만드는 나무는 큰 생명체이고, 풀과 크고 작은 동물들은 숲에서 사는 각각의 작은 생명체예요. 이 하나하나가 숲을 이루는 존재이며, 그중에서도 나무는 아주 큰 역할을 하지요. 나무가 많은 숲은 공기를 맑게 정화해 주고, 비가 내릴 때는 물기를 품고 있다가 천천히 내보내는 역할을 해요. 그래서 숲은 지구의 많은 생명들이 의지하며 살아가는 터전입니다.
이 책의 주인공은 도토리 '쫑이'예요. 쫑이가 새싹이 되어 한 그루의 나무로 자랄 때까지 얼마나 많은 시간이 필요한지 헤아려 보고, 계절의 변화에 따라 달라지는 숲의 풍경을 느껴 보세요.

- 이 책에 나오는 쫑이는 상수리나무 열매(도토리)를 의인화한 것으로, 비늘잎이 달려 있는 깍정이를 머리카락으로 표현했습니다.

스콜라
꼬마지식인 24

도토리 쫑이의 봄 여름 가을 겨울

장영복 글 | 주리 그림

위즈덤하우스

"떨어지기 싫어요. 새처럼 둥지 짓고 엄아랑 같이 살래요."
쫑이의 말에 엄아나무는 고개를 흔들었어요.
"넌 새가 낳은 알이 아니란다."
"그럼 나도 엄아처럼 나무가 되는 거예요?"
"엄아도 처음에는 너만 한 도토리였어. 나무가 되는 건
어렵고 힘들지만 소중한 일이란다."
"그래도 싫어요. 힘든 거 싫어요.
난 그냥 엄아랑 살고 싶단 말이에요."
조그만 도토리가 우람한 엄아나무처럼 될 수 있다는 걸
쫑이는 도무지 믿을 수 없었어요.

쫑이의 **엄아**인 상수리나무는 도토리의 **엄마**도 되고
아빠도 되는 나무예요.
지금은 엄아 상수리나무가 도토리들을 떠나보내는 계절이에요.
"겁내지 마라, 아기들아. 모두 튼튼한 나무가 되렴."
엄아나무는 도토리들을 지난해부터 정성껏 키워 왔어요.
도토리들을 보내는 엄아나무는 힘들어도 참아야 해요.
바닥에 떨어진 도토리를 사람들이 주워 가고
다람쥐들도 부지런히 물어 갔어요.
"싫어요, 무서워요."
도토리 쫑이의 눈에 눈물이 맺혔어요.
그 순간 툭, 나무에서 쫑이가 떨어졌어요.
"아아, 앗! 아야야."

상수리나무 열매, 도토리

옛날엔 우리나라 숲에 소나무가 가장 많았대. 하지만 지금은 참나무가 더 많아. 참나무란 도토리가 열리는 나무를 말해. 참나무에는 상수리나무, 굴참나무, 떡갈나무 등이 속해. 참나무는 나무 한 그루에 암꽃과 수꽃이 함께 피어. 바람이 꽃가루를 날라 주면 수분이 되고 도토리가 열리는 거야. 그래서 도토리에게 참나무는 엄마도 되고 아빠도 되는 거야.

상수리나무 도토리   굴참나무 도토리   떡갈나무 도토리

쫑이는 바윗돌에 한 번 부딪히고 떼구루루 굴러
산길을 걷는 할아버지 발밑에 쏙 들어가 버렸어요.
"아아아얏! 쫑이 죽을 뻔했네."
다행히도 단단한 껍질이 쫑이를 지켜 주었어요.
"예쁜 도토리예요, 할아버지."
할아버지와 걷던 아이가 쫑이를 주웠어요.
"할아비가 도토리를 밟았구나. 도토리는 다람쥐들의 먹이란다."
할아버지가 말했어요.

"다람쥐들아, 먹이 받아라!"
아이가 쫑이를 숲 안쪽으로 휙 던졌어요.
얼마 뒤, 정말로 다람쥐가 나타나선 쫑이를
냘름 물고 갔어요.
"어어어! 너, 나 먹을 거야?"
쫑이가 소리쳤어요.

"아직은 아니야. 넌 내 겨울 양식이니까."
다람쥐는 도토리들을 구덩이에 쏟아 놓으며 대꾸했어요.
"휴우, 먹히는 줄 알았잖아."
쫑이는 마음이 놓였어요.
"언젠가는 먹히겠지."
"맞아, 겨울 양식이라고 했잖아."
친구들이 말했어요.
"아닐지도 몰라."
쫑이는 도리질을 하고 싶었어요.

도토리를 잊어 줘서 고마워

다람쥐는 가을에 알밤과 도토리를 물어 와 땅속에 묻어 둬.
겨울 양식을 장만하는 거야. 다람쥐는 묻어 둔 알밤이나 도토리를
잘 찾아 먹기도 하지만 저장해 둔 장소를 콩콩 잊기도 한대. 다람쥐가
잊은 도토리나 알밤은 땅속의 적당한 습기와 온도에서 싹이 나고 나무로
자랄 수 있어. 어치랑 청설모도 다람쥐처럼 도토리를 곧잘 잊어버린대. 그러니까
숲에 참나무가 많은 건 다람쥐와 청설모, 어치가 숨겨 둔 도토리를 잘 잊어버린
덕분이라고.

사나운 갈퀴발이 땅을 마구 파헤치고 있어요.
"어떡해. 다람쥐가 우리를 먹으러 왔나 봐."
도토리들은 오들오들 떨었어요.
그건 도토리를 훔쳐 내려는 청설모의 발톱이었어요.
청설모는 도토리들을 볼에 잔뜩 물고 도망쳤어요.

그때 찔레 덩굴에서 엿보던 살쾡이가 청설모에게 쏜살같이
달려들었어요.
"찌이이이익."
청설모는 비명을 지르며 나무 위로 달아났어요.
그러는 바람에 청설모가 물고 있던 도토리들이
후두둑 떨어졌어요.

숲에는 동물들이 많아

숲에는 다람쥐, 청설모, 족제비, 오소리, 살쾡이, 고라니 같은 작은 동물도 있고, 멧돼지 같은 큰 동물도 있어. 깊고 높은 숲에는 지금은 멸종되어서 만날 수 없는 호랑이와 곰, 늑대도 살았대. 부엉이, 올빼미, 소쩍새처럼 큰 새들과 까치와 어치, 딱따구리, 까마귀, 참새, 박새, 딱새, 솔새 같은 작은 새들도 숲에 많이 산단다.

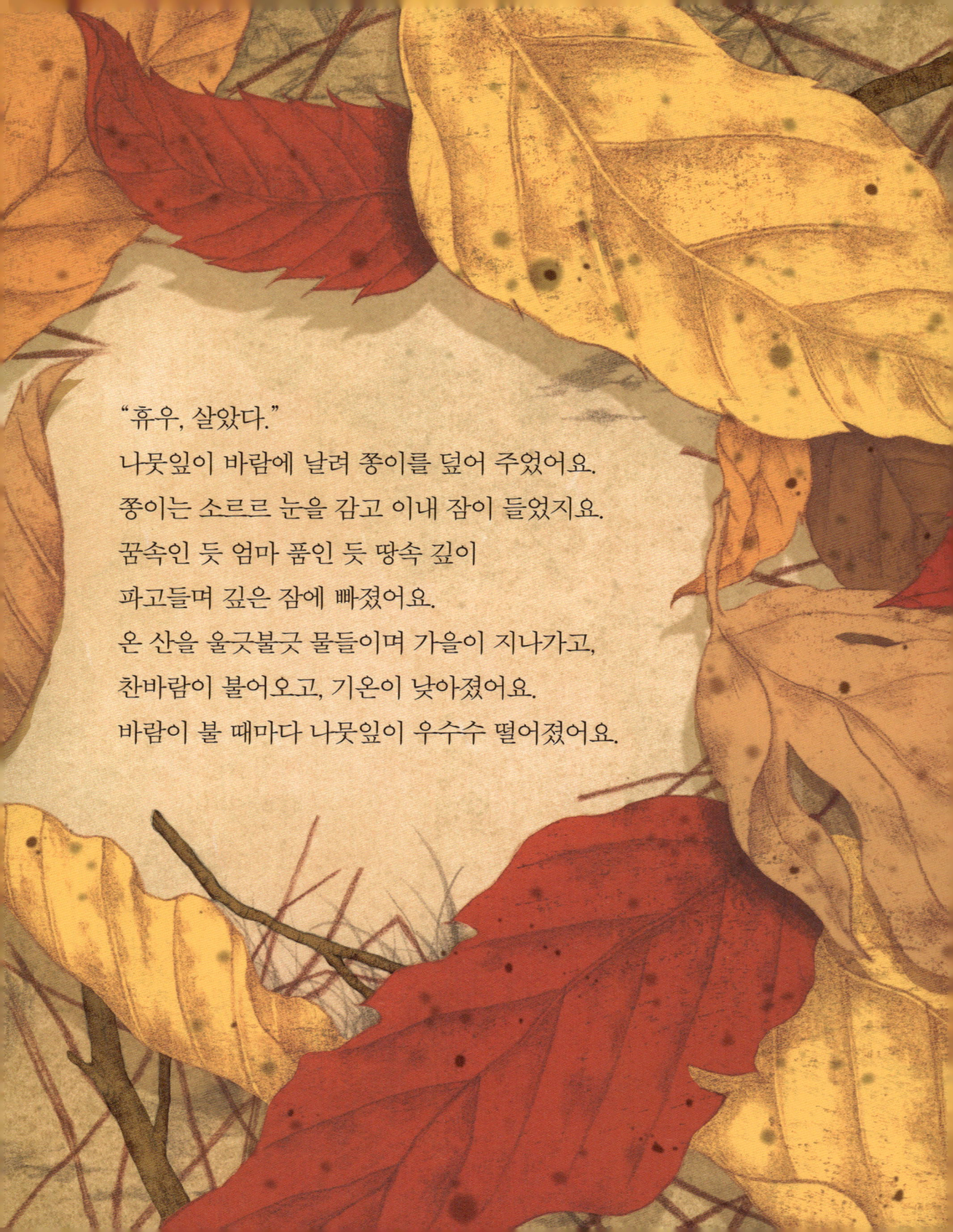

"휴우, 살았다."
나뭇잎이 바람에 날려 쫑이를 덮어 주었어요.
쫑이는 소르르 눈을 감고 이내 잠이 들었지요.
꿈속인 듯 엄마 품인 듯 땅속 깊이
파고들며 깊은 잠에 빠졌어요.
온 산을 울긋불긋 물들이며 가을이 지나가고,
찬바람이 불어오고, 기온이 낮아졌어요.
바람이 불 때마다 나뭇잎이 우수수 떨어졌어요.

단풍잎이 빨간 이유

낮이 짧아지고 추워지면 나무는 잎으로 물기를 내보내지 않아.
생산 활동(광합성)을 멈추는 거지. 나뭇잎에는 엽록소 말고도 다른 색소를
간직한 성분들이 조금씩 들어 있어. 여름에는 활발한 광합성 작용으로 엽록소가
많아져서 나뭇잎이 초록색으로 보이지만, 가을에 광합성을 멈추게 되면 숨어
있던 다른 색소들의 색이 드러나는 거야. 그래서 나뭇잎 색이 빨갛게
보이는 거야.

마른 나뭇잎들은 쫑이를 따뜻하게 덮어 주었어요.
겨울에는 하얀 눈이 내려앉았다가 햇살에 녹아내렸지요.
마른 잎들이 조금씩 조금씩 분해되어 땅으로 스며들었어요.
어느 따뜻한 겨울날, 다람쥐가 나와 햇볕을 쬐는 것도
까맣게 모르고 쫑이는 잠만 잤어요.
쫑이가 어렴풋이 깨어난 건 몸속에서 무언가 꼬물거리는
느낌 때문이었어요.
"뭐지? 뭐가 꼬물꼬물 움직이는 거지?"
쫑이는 문득 두려웠어요. 몸속에 벌레가 알을 낳아
놓았을지도 모르니까요.

주위에는 봄꽃이 하나둘 피어나고 있었어요.
생강나무와 산수유나무는 노란 꽃을 피웠고,
진달래는 온 산을 분홍으로 물들였어요.
쫑이는 엄마나무를 생각했어요.
애벌레들은 엄마나무의 잎을 갉아먹고 자랐어요.
새들은 벌레를 잡아먹으러 날아와서는
엄마나무에 둥지를 짓고 살기도 했어요.
뿐만 아니라, 엄마나무에 도토리가 열리면
밤바구미와 도토리거위벌레가 나타나서
어린 도토리에 주둥이를 푹 찔러 넣고 알을 낳았어요.

나무를 톱질해서 아래로 떨어뜨려.

도토리에 구멍을 뚫고 알을 낳은 다음,

야금야금 도토리로 배를 채우고

땅속으로 들어가서 겨울을 날 거야.

도토리거위벌레는 톱질을 잘해

여름에 숲에 가면 참나무의 작은 가지들이 잘려서 땅에 떨어진 걸 볼 수 있어. 마치 누군가 일부러 꺾어 놓은 것 같아. 도토리거위벌레가 그런 거야. 이 벌레는 길쭉한 주둥이를 어린 도토리에 찔러 넣어 알을 낳고는 주둥이의 톱처럼 생긴 부분으로 가지를 잘라 떨어뜨려. 애벌레는 도토리를 먹고 나와서 땅속으로 숨었다가 겨울을 나고 이듬해 봄에 어른벌레로 나타나.

'애벌레가 생기면 나는 애벌레 먹이가 되겠지.
엄아나무처럼 멋진 나무가 되지 못할 거야.'
쫑이는 자기도 모르는 사이에 질금 눈물이 났어요.
꼬물이는 쫑이의 마음도 모르고 조금씩
더 자라는 것 같았어요.
"엄아, 나를 좀 도와줘요."
쫑이는 엄아나무를 불러 보았어요.
"바깥 구경을 하고 싶어."
꼬물이는 마치 보채는 아이 같았어요.
끄응차!
꼬물이는 더욱더 힘차게 밀고 나가려고 했어요.
끄응차!

꼬물이는 단단하게 막아선 껍질을 밀었어요.
그러는 동안 쫑이는 자신이 바로 꼬물이라는 걸 알았어요.
꼬물이는 애벌레가 아니라 쫑이에게서 나오려는 새싹이었던 거예요.

툭!
드디어 딱딱한 껍질이 갈라졌어요.

"아, 환하다."

도토리가 떡잎이야

가을에 나무에서 떨어진 도토리는 금방 싹이 나지만 겨울에 긴 잠을 자는 것처럼 보여. 하지만 살아갈 수 있는 조건이 갖춰지면 겨울이 오기 전에 뿌리를 내리기도 해. 따스한 봄이 되면 도토리에서 싹이 나오는데, 두툼한 도토리 껍질은 떡잎 역할을 하며 새싹이 스스로 양분을 구할 수 있을 때까지 잘 자랄 수 있게 도와줘.

밝고 눈부신 빛이에요. 엄아나무에서 자랄 때
아낌없이 비춰 주던 바로 그 햇살이에요.
햇살이 쫑이를 보고 인사했어요.
"아주 귀여운 새싹이구나. 넌 저 아래 상수리나무 열매였어."
햇살은 쫑이에게 빛을 주고 바람은 쫑이를 살살 어루만져 주었어요.
"저쪽 바위 아래에도 도토리 싹이 나왔더라."
"정말요? 제 친구예요. 친구들이 보고 싶어요."
"나무는 싹튼 자리에서 쭈욱 살아야 한단다.
다 같이 숲의 가족으로 무럭무럭 자라거라."
쫑이는 햇살이 일러 준 쪽을 보았어요.
우람한 엄아나무 우듬지가 보였어요.
그 언저리에 친구들이 있을 거라고 생각하니
가족을 만난 것처럼 든든했어요.

숲에는 가족이 아주 많아

키가 20~30m까지 자라는 큰키나무(참나무류와 전나무, 서어나무, 주목, 소나무 등)와 7~8m 정도 되는 작은키나무(단풍나무, 생강나무, 함박꽃나무, 매화나무), 사람 키와 비슷하게 자라는 떨기나무(개나리, 철쭉, 진달래, 싸리나무, 무궁화 등)가 있고, 덩굴로 자라는 덩굴나무(오미자, 다래, 찔레, 칡)도 있어. 그리고 숲 바닥에는 여러 종류의 풀과 버섯이 자라지. 이렇게 나무와 풀, 동물과 곤충, 미생물 들이 서로 어우러져 살아가는 공간을 '숲'이라고 해.

쫑이는 땅속으로 발을 밀어 넣었어요.
사실 쫑이가 잠들었던 겨울에도 쫑이의 발은
땅속으로 내리고 있었어요.
"아프고 차가워."
문득 아픔이 느껴졌어요.
'가지를 벋으려면 먼저 뿌리를 깊이 내려야 한단다.'
엄아나무가 일러 준 말이 떠올랐어요.

"어휴, 나무가 되는 건 정말 힘드네."
쫑이는 아파도 참고 조금씩 뿌리를 내렸어요.
"넌 새로 난 풀이구나."
쫑이를 가만히 바라보던 제비꽃이 말했어요.
"아니, 난 풀이 아니라 나무야."
"애개, 나무치고는 너무 작은데."
"엊그제 나와서 그래."
"반갑다. 잘 지내보자, 나무야."

산벚나무를 오르내리던 다람쥐가 쫑이를 발견했어요.
다람쥐는 신이 나서 쪼르르 내려왔어요.
"삐익, 다람쥐야, 삐이익!"
나뭇가지에 있던 직박구리가 다람쥐를 급히 불렀어요.
"왜? 나 도토리 싹 먹으러 가는 거야."
"알아. 그런데 저건 도토리에서 나온 지 얼마 안 된 새싹이라고.
상수리나무 열매가 얼마나 탐스러운지 너도 알지?"
"알지. 지금 먹지 말고 나중에 도토리가 열릴 때까지 기다리라고?"
"그렇지. 넌 역시 똑똑한 다람쥐야."
직박구리의 칭찬을 받은 다람쥐는 기분이 좋았어요.
"그럼 도토리는 나중에 먹고
지금은 묻어 놓은 알밤이나 찾아야겠다."
대화를 듣던 쫑이는 마음이 놓였어요.
"다람쥐야, 직박구리야, 고마워. 멋진 상수리나무가 될게."

직박구리는 수다쟁이

직박구리는 숲이나 사람 사는 동네에서 자주 만나는 텃새야. 직박구리는 울음소리가 무척 시끄러워. 새들이 학교에 다닌다면 칠판에 떠드는 새 이름으로 직박구리가 제일 많이 적힐걸. 우리나라에서 사계절 내내 살아가는 새를 '텃새'라고 해. 반대로 계절에 따라 이동하며 겨울을 나거나 알을 낳아 기르고 떠나는 새는 '철새'라고 해. 먼 거리를 이동하다가 잠깐 머물렀다 가는 새는 '나그네새'라고 하지.

숲에는 제비꽃 말고도 여러 가지 풀꽃들이 피고 졌어요.
노란 양지꽃과 민들레, 보라색과 흰색 제비꽃,
현호색 같은 풀꽃도 참 예뻤어요.
지금은 둥굴레와 은방울꽃이 달랑달랑 피어 있어요.
"너희는 아주 부지런하구나."
쫑이는 숲의 낮은 자리에서 피고 지는 봄꽃들이
참 신기했어요.

"봄꽃들은 원래 부지런해."
은방울꽃이 말했어요.
"부지런히 꽃을 피워서 봄을 느끼게 하니까
더 예뻐 보여."
쫑이가 말했어요.
"고마워. 너도 마음껏 자라나렴."
은방울꽃이 살랑살랑 부는 바람에 예쁘게 흔들렸어요.

봄꽃은 부지런해

하얀 눈을 헤치고 이른 봄에 피어나는 노란 복수초를 비롯하여 노루귀, 현호색, 얼레지, 양지꽃, 민들레, 각시붓꽃 같은 봄꽃은 사람들에게 기쁨과 새로운 희망을 주기도 해. 봄꽃들이 부지런히 꽃을 피우는 까닭은 나무에 잎이 나고 숲이 무성해지면 빛이 들지 않아서 꽃 피우기가 어렵기 때문이야.

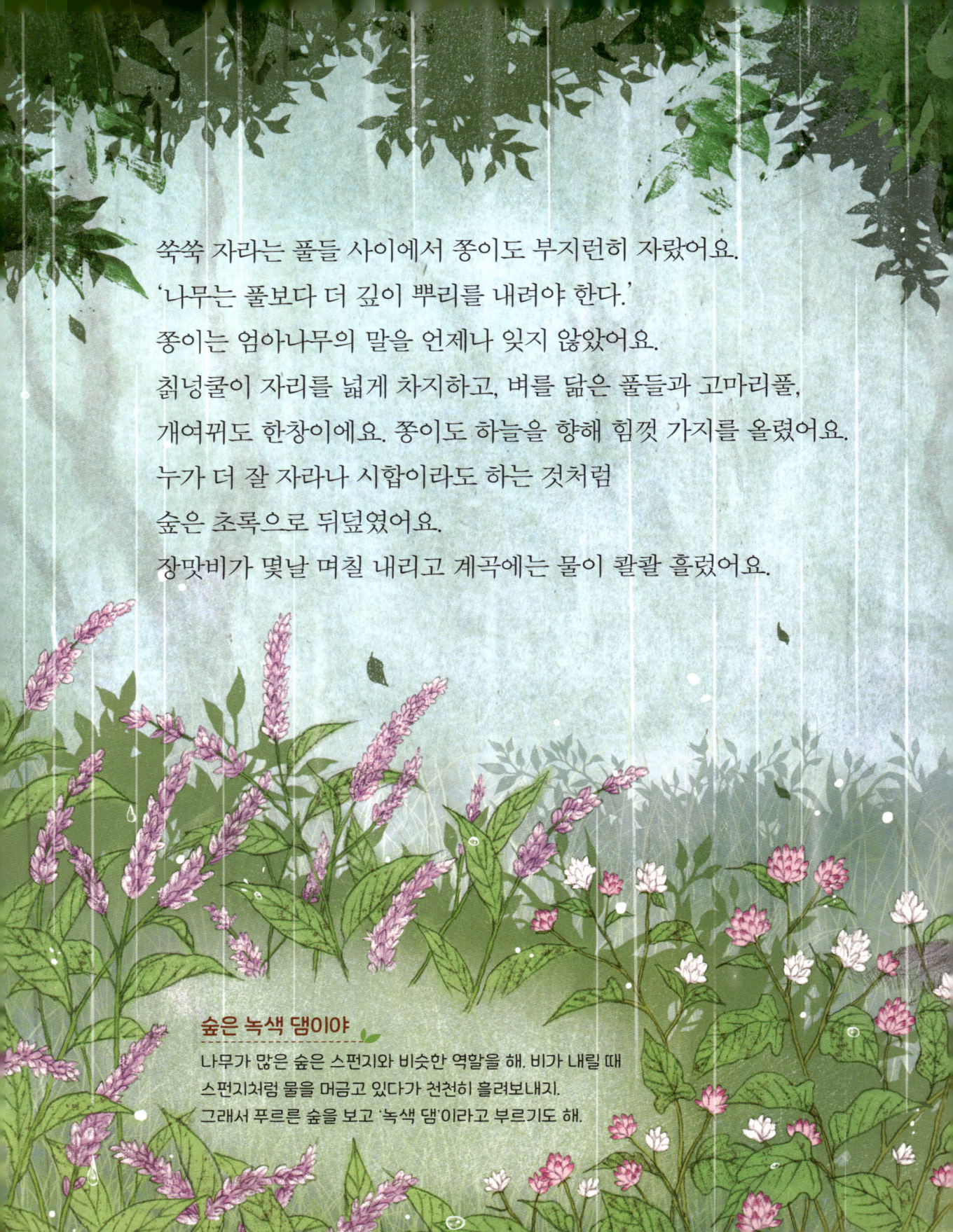

쑥쑥 자라는 풀들 사이에서 쫑이도 부지런히 자랐어요.
'나무는 풀보다 더 깊이 뿌리를 내려야 한다.'
쫑이는 엄아나무의 말을 언제나 잊지 않았어요.
칡넝쿨이 자리를 넓게 차지하고, 벼를 닮은 풀들과 고마리풀,
개여뀌도 한창이에요. 쫑이도 하늘을 향해 힘껏 가지를 올렸어요.
누가 더 잘 자라나 시합이라도 하는 것처럼
숲은 초록으로 뒤덮였어요.
장맛비가 몇날 며칠 내리고 계곡에는 물이 콸콸 흘렀어요.

숲은 녹색 댐이야

나무가 많은 숲은 스펀지와 비슷한 역할을 해. 비가 내릴 때 스펀지처럼 물을 머금고 있다가 천천히 흘려보내지. 그래서 푸르른 숲을 보고 '녹색 댐'이라고 부르기도 해.

물기를 한껏 머금은 흙을 헤치고 벌레 한 마리가 기어 나왔어요.
벌레가 쫑이에게 매달렸어요. 쫑이는 조금 힘에 겨웠지만,
쫑이가 쓰러지면 벌레도 떨어질 것 같아 꾹 참고 버텼어요.
잠시 뒤, 벌레 등이 벌어지고 보얀 벌레가 나왔어요.
"앗, 넌……."
"쉿!"
쫑이는 그 벌레를 금방 알아보았어요.
엄아나무에서 많이 보았던 매미였어요.
매미는 날개가 자란 뒤에도 한참 동안 매달려 있었어요.
이윽고 매미가 말했어요.
"조용히 있어 줘서 고마워."
쫑이가 인사를 건넬 사이도 없이
매미는 푸드득 날아갔어요.
"잘 가, 매미야."

매미는 노래를 좋아해

장마가 끝나면 매미가 나타나. 가장 먼저 나타나는 매미는 털매미야. 6월 중순경에 나오는 털매미를 시작으로 참매미, 말매미, 유지매미, 애매미 등 여러 종류의 매미들이 나와 신나게 노래를 부르지. 짝짓기를 마친 암매미는 나무줄기에 구멍을 내고 알을 낳아. 알에서 깨어난 애벌레는 땅속으로 들어가 나무뿌리에서 수액을 먹으며 여러 해 동안 살다가 여름에 매미가 되어 나오는 거야.

매미들은 매앰매앰 여름내 노래를 불렀어요.
매미가 떠나니 풀벌레가 이어받듯 가만가만
노래를 불렀지요. 풀숲에서, 버섯 위에서,
나뭇잎에서 찌륵찌륵 풀벌레가 울었어요.
풀벌레 소리가 들려오는 고즈넉한 가을 아침이
가만가만 지나갔어요.
고운 단풍이 들고, 하얀 눈이 내렸어요.

숲은 그림처럼 아름답게 바뀌었지만,
나무들은 추위를 견디느라 힘든 시간을 보냈어요.

숲도 천천히 변해

숲은 오랜 시간을 걸쳐 변해 가. 사람이 나이를 먹는 것과 비슷하지. 이 과정을 '천이'라고 해. 버려진 밭이나 산에 빈 자리가 생기면 햇볕을 좋아하는 소나무가 자라기 시작하지. 시간이 흘러 소나무 사이에 활엽수가 함께 자라 숲을 이루게 돼. 그리고 더 시간이 많이 흐르면 더 많은 종류의 나무들이 숲의 공간을 채우게 되지. 우리나라의 광릉수목원은 천이 과정을 잘 나타내 주는 숲이야. 540년 동안 사람의 간섭을 받지 않고 자연 그대로 숲의 모습을 보여 주는 곳이거든.

겨울바람이 잦아들고 훈훈한 바람이 불어왔어요.
쫑이 옆에 신갈나무, 신갈나무 옆에 개암나무,
개암나무 옆에 생강나무, 생강나무 옆에 떡갈나무,
떡갈나무 옆에 팥배나무, 팥배나무 옆에 오리나무…….
나무들은 나름의 모양으로 햇잎을 내고
약속이라도 한 것처럼 모두 연초록 숲을 이루었어요.
쫑이도 어느새 어엿한 청년 나무가 되었어요.
상수리나무 쫑이에게도 꽃이 피고 도토리가 달렸어요.
"애들아, 사랑스런 나의 아가들아……,
우리는 숲에서 아주 많은 친구들과 함께 살고 있단다."
엄마나무 쫑이는 도토리들에게 숲 이야기를 들려주었답니다.

숲이 하는 일

옛날부터 사람은 숲에 의지하고 살아왔어. 숲은 사람들에게 필요한 것을 많이 나눠 주었지. 열매와 나물, 버섯 같은 먹을 것과 집 짓는 목재 같은 걸 내주었어. 그뿐 아니야. 숲에서 산책도 하고, 식물이나 곤충, 동물을 관찰하며 지식도 얻을 수 있어. 우리가 읽고 있는 책도 숲에 있는 나무로 만들어. 도토리 쫑이 이야기도 숲에서 이야기 씨앗을 얻고 숲에서 얻은 콩이로 만든 거란다. 숲은 정말 많은 일을 하지?

| 부 록 |

사계절 숲에는 무슨 일이 일어날까요?

봄 따스한 봄볕이 숲 바닥으로 들어와요. 마른 낙엽을 헤치고 봄꽃들이 고운 얼굴을 내밀어요. 봄꽃은 키가 작고 꽃도 작아서 잘 살펴보아야 해요.
봄에 피는 풀꽃_ 복수초 노루귀 민들레 제비꽃 광대나물 현호색

여름 여름에 피는 꽃은 무성한 초록 잎에 가려져 눈에 얼른 띄지는 않지만 초록 숲의 요정처럼 고와요.
여름에 볼 수 있는 식물_ 인동꽃 으아리 까치수염 원추리 하늘말나리 참나리

가을

가을에는 숲에서 노란 들국화를 만날 수 있어요.
봄에 새싹이 나서 더운 여름을 견디고 피어난 산국과 감국이 매우 향기로워요.
가을 꽃과 풀들_ 감국 산국 쑥부쟁이 구절초 용담꽃

겨울

풀들은 여러 가지 방법으로 겨울을 나요. 여러해살이풀은 뿌리나 잎으로 겨울을 견디고, 은방울, 나리, 쑥은 땅속줄기로 겨울을 보내지요. 그리고 겨울 나무의 가지에는 겨울눈이 달려 있어요. 겨울눈은 비늘잎으로 싸여 있어 얼지 않아요.
겨울을 나는 식물_ 은방울, 둥굴레, 목련꽃의 꽃눈

숲에 사는 쫑이의 동물 친구들

숲은 수많은 생명체들이 서로 경쟁하고 도움을 주며 살아가는 활기찬 생태계예요. 숲에는 멧돼지처럼 크고 사나운 동물도 살지만, 고라니나 청설모 등 작은 동물도 서로 의지하며 살아가지요. 그리고 노래기, 쥐며느리, 굼벵이, 달팽이, 들쥐, 두더지, 다람쥐 같은 작은 흙 속 동물들도 모여 살아요.

나무에 상처가 나면 진이 흘러요. 참나무에 흐르는 나뭇진은 곤충들이 매우 좋아하지요. 나뭇진이 생기면 나무좀, 개미, 벌, 나비, 사슴벌레, 장수풍뎅이 같은 곤충들이 모여들어요. 나뭇진을 차지하려고 사슴벌레와 장수풍뎅이가 싸움을 벌이기도 하고, 작은 곤충을 먹기 위해 새들이 날아오기도 해요.

숲에는 새가 많이 살아요. 추운 겨울에도 새들은 날아다녀요.
붉은머리오목눈이는 무리 지어 날아다니고요,
참새, 곤줄박이, 딱새, 박새 같은 작은 새들은 포롱포롱 날아다녀요.
직박구리, 오색딱따구리, 청딱따구리, 어치, 까치, 멧비둘기도 자주 만날 수 있어요.
부엉이, 소쩍새, 말똥가리, 황조롱이 같은 큰 새들은 들쥐나 작은 동물을
잡아먹기 위해 높이 날아올라 천천히 주변을 살피지요.

버섯은 숲의 식물이나 동물을 분해하여 자연으로 돌려보내는
역할을 해요. 장마가 지나고 9월 중순까지 버섯이 많이 나와요.
버섯은 대개 금방 시들지만 나무에 붙어서 오래 사는 버섯도 있어요.

스콜라 꼬마지식인 24
도토리 쫑이의 봄 여름 가을 겨울

초판 1쇄 발행 2017년 11월 10일 **초판 4쇄 발행** 2024년 3월 6일

글 장영복   **그림** 주리
펴낸이 이승현

출판 3 본부장 최순영
교양 학습 팀장 김솔미   **기획·편집** 주아나
키즈 디자인 팀장 이수현   **디자인** 초록달팽이

펴낸곳 ㈜위즈덤하우스 **출판등록** 2000년 5월 23일 제 13-1071 호
제조국 대한민국 **주소** 서울특별시 마포구 양화로 19 합정오피스빌딩 17층
전화 02)2179-5600
홈페이지 www.wisdomhouse.co.kr **전자우편** kids@wisdomhouse.co.kr

ⓒ 장영복·주리, 2017
ISBN 978-89-6247-890-7 74400

* 이 책의 전부 또는 일부 내용을 재사용하려면 반드시 사전에 저작권자와
  ㈜위즈덤하우스의 동의를 받아야 합니다.
* 인쇄·제작 및 유통상의 파본 도서는 구입하신 서점에서 바꿔드립니다.
* 책값은 뒤표지에 있습니다.
* 이 책의 사용 연령은 8~13 세입니다.